DE
L'ARMÉE FRANÇAISE
EN
AFRIQUE.

Imprimerie de Carpentier-Méricourt, rue Trainée, près SaintEustache, n° 15.

DE

L'ARMÉE FRANÇAISE

EN

AFRIQUE,

DE L'IMPÉRITIE DU GÉNÉRAL EN CHEF

ET FORMATION

D'UNE LÉGION D'ÉCLAIREURS.

Par le capitaine **CONTREMOULINS, P. A.** P. A de .NANTES

Paris,

A LA LIBRAIRIE HISTORIQUE D'ÉMILE BABEUF,
RUE DE LA HARPE, N° 11,
ET CHEZ TOUS LES MARCHANDS DE NOUVEAUTÉS.

1830.

DE L'ARMÉE FRANÇAISE EN AFRIQUE.

De l'impéritie de son premier chef. — Résultats de ce qu'on avait droit d'en attendre, et de ce que l'on peut encore en espérer. — Formation d'une légion d'éclaireurs. — Moyens d'assurer cette conquête.

Situation de l'armée en Afrique.

LE courage, la bravoure et le dévouement ne suffisent pas toujours pour faire réussir une opération militaire; surtout une expédition d'outre-mer. C'est là que se rencontrent des obstacles invincibles, que l'énergie de ceux qui commandent en chef ne peut lever; c'est là que toutes les combinaisons viennent échouer devant les difficultés des localités, les mœurs et les habitudes des peuples que l'on a à combattre. Notre armée d'expédition à Alger éprouve des obstacles de cette nature, et dans ce moment sa position est difficile, pour ne pas dire inquiétante.

Plusieurs écrits sur Alger.

Lors de cette expédition, en mai 1830, beaucoup d'écrits sur ce pays ont paru ; plans de cette ville, cartes du pays, enfin des relations, des rapports, indices plus ou moins exacts ont été soumis au jugement de la France. Le chef de cette expédition en a fait le profit que son génie et les circonstances lui ont permis ; mais on peut dire avec vérité qu'il a trop voulu suivre ses propres inspirations, et trop méprisé les différens avis que chacun s'est efforcé de mettre à sa connaissance.

Les causes de la réussite du débarquement.

Cependant le général Bourmont a réussi au de-là même de son espérance, dans le débarquement de l'armée qui lui a été confiée; mais quelle est la cause de cette réussite inespérée ? L'ineptie du Dey d'Alger d'une part ; les sages mesures et les profondes combinaisons de l'intrépide amiral Duperré de l'autre ; voilà ce qui a fait que la mise à terre de l'armée n'a rien laissé à déplorer de fâcheux, et ce qui a probablement décidé les chefs de cette expédition à débarquer sur un seul point un personnel et matériel considérables, et dont l'immensité semblait indiquer qu'on se proposait la conquête de l'Afrique tout entière. Félicitons-nous encore de ce que la longanimité du général en chef à asseoir son camp et faire des routes pour marcher sur Alger, ne nous ait pas laissé à déplorer la perte totale de l'expédition ; car si l'ennemi avait eu l'esprit de profiter des accidens de terrain que le pays lui offrait, qui sait quels funestes effets en seraient résultés.

Abordons maintenant la pensée politique qui a dû présider à cette expédition, nous devons conclure que le but a dû être la conquête d'Alger; car si le but unique n'avait été qu'une satisfaction à l'honneur de notre pavillon, pourquoi persister à tenir un pays qui dévorera peu à peu notre brave armée, et qui, à l'approche de la plus mauvaise saison de l'année, va augmenter des deux tiers le nombre de nos malades; car on ne doit pas oublier que les pluies froides et continuelles, augmentant l'insalubrité du climat, altèreront encore davantage la santé de nos troupes ; l'inaction même de l'armée donnera plus de prise aux maladies. Si ce n'est qu'une simple satisfaction que nous voulons, pourquoi ne pas prendre les mesures que la prudence et l'humanité commandent, détruire de fond en comble ce repaire de la barbarie, faire enlever tout ce que renferment de précieux ces riches contrées,

Pensée politique

rappeler l'armée qui, avec ce trophée, viendrait recevoir les remercîmens de sa constance et de son dévouement. Mais si, au contraire, cette expédition a le but d'utilité que nous avons indiqué, que l'on prenne donc enfin les mesures propres à conquérir le pays, à le garder avec avantage, à fonder un établissement suffisamment grand, suffisamment fort par son organisation, pour que les habitans même nous respectent, et perdent non-seulement l'espoir de pouvoir nous résister, mais finissent par implorer notre protection et notre amitié.

Je suis du nombre de ceux qui ont offert à la France le tribut des connaissances qu'ils avaient acquises dans ce pays. (*a*) Je ne rappelerai pas les mesures que j'indiquais pour arriver à effectuer le débarquement et s'emparer d'Alger, mais je rappellerai quelques-unes de mes idées pour la consolidation de la conquête et son organisation. — Je croyais et je crois encore qu'il est indispensable de gagner la confiance des naturels du pays par beaucoup de force d'âme, de franchise et de vérité. Ce peuple, comme le nôtre, abhore le mensonge et aime la vérité jusqu'au fanatisme ; il est glorieux de son nom et de sa religion. Laissons-lui donc

(*a*) Souvenirs d'un officier français en Barbarie.

ces deux objets de son amour et de sa constante affection. Il apprendra plus tard à mieux apprécier la gloire qui s'attache au nom français. Il ne serait pas inutile de nous rapprocher de leurs habitudes; montrons-leur beaucoup de confiance; et, s'ils en abusent, que le châtiment soit prompt et sévère. Ce peuple ne connaît pas de demi-mesures dans la justice, la peine doit suivre immédiatement le crime.

Caractère des Maures.

J'ai dit dans mes souvenirs (*a*), que les Juifs sont en très-grand nombre dans ces contrées, qu'eux seuls ont l'intelligence du pays, qu'ils y ont de nombreuses relations, et que l'on peut tirer de cette classe d'hommes un grand parti à l'avantage des Français. Les Juifs sont Juifs partout, intéressés par nécessité. Ils ont beaucoup de confiance en ceux de leur nation qui sont élevés soit par la fortune, soit par dignité dans leur religion; pourquoi n'emploirait-on pas les divers moyens que cette situation nous met entre les mains pour faire une guerre fructueuse aux Maures? Il serait facile de leur faire reconnaître que nous ne sommes pas allés chez eux pour les en chasser, mais bien pour les délivrer du joug sous lequel ils sont depuis des siècles, et pour par-

Population juive.

(*a*) Paragraphe viii, page 29. (Souvenirs).

tager avec eux nos lumières; nos connaissances et notre gloire, leur donner le goût de l'agriculture, source de tant de richesses; en un mot, il faudrait fraterniser avec eux et fondre les intérêts des deux nations. Voilà, en analyse, les moyens seuls qui peuvent réussir chez ces peuples.

<small>Nécessité de garder cette conquête.</small>
Je répéterai que ce serait faire la plus grande faute en politique, de ne point garder ce que le sort des armes nous a donné. Le pays est superbe, et je dirai encore que c'est la terre promise (*a*). Les naturels sont un peu soupçonneux; soyons vrais avec eux, et ils nous estimeront autant qu'ils se défient de nous maintenant; ils sont peu instruits, il faut en faire notre profit : les lumières que nous leur donnerons, ils les paieront au centuple. Ce peuple n'est pas ingrat, et comme je l'ai écrit, c'est la partie de l'Afrique qui tend le plus à se civiliser. Cherchons, sans les humilier, à leur faire perdre, avec le temps, l'orgueil et la morgue qui les caractérisent et qui font leur plus grande force.

<small>Facilités et moyens pour garder ce pays.</small>
Quand je conseille de garder le pays, je n'entends pas seulement garder Alger et à peu-près une demi-lieue de circuit. C'est tout le royaume d'Alger que je prétends qu'on doit

---

(*a*) § X. page 34. (Souvenirs, etc.)

garder ou au moins depuis l'embouchure du fleuve Ampsagas, jusqu'aux limites de l'empire de Maroc, vers la rivière de Barbata. J'étendrais notre possession vers le sud, jusqu'à l'Atlas-Minor et jusqu'à la chaîne de l'Atlas-Major, si les circonstances me le permettaient. J'établirai smes lignes de défense, d'autant plus facilement que le pays y prête merveilleusement par une grande quantité de rivières. Et pour tenir l'ennemi en respect sur une telle surface de terrain, j'emploierais les moyens simples d'une organisation d'hommes propres à faire la guerre dans ce pays, tant par leur armement et équipement, que par leur caractère.

Tous les Français sont braves; mais il est un genre de service qui ne peut être exécutable par tous; les qualités physiques ne se donnent pas, la nature les dispense à ses protégés. Mais il ne serait pas encore suffisant d'avoir des hommes d'élite, il leur faudrait une organisation spéciale. J'ai proposé et je propose encore l'organisation d'un certain nombre d'hommes armés et équipés comme j'en ai indiqué la formation. (*a*) Cinq cents hommes de cette arme feraient le service que mille hommes de troupes de ligne auraient peine à faire : leur tactique et leur manière de se battre, leur armement

<small>Formation d'une arme propice pour cette guerre.</small>

(*a*) Voyez § XI, pages 37, 38, 59 et 40. (Souvenirs, etc.)

et leur équipement seraient tels qu'ils courraient moins de dangers que nos troupes ordinaires, et qu'ils auraient plus de chances de succès. Ils seraient propres surtout à éclairer le pays, à franchir en peu d'instans des espaces que d'autres troupes ne parcourraient que lentement : enfin leur organisation leur permettrait de vaincre les obstacles sans nombre qui se présentent dans cette partie de l'Afrique. Ils auraient les moyens de se porter secours mutuellement, quand les circonstances l'exigeraient. On sent qu'une pareille troupe doit être d'élite et de bonne volonté. Il faut que les hommes réunissent l'intelligence, l'habitude de la guerre et la possibilité de pouvoir souvent fournir des marches de douze à quinze lieues par des chemins difficiles : enfin il faut des hommes d'une *trempe forte*.

Sans doute l'armée française pourrait fournir 50,000 hommes comme je les conçois pour l'expédition d'Afrique; mais quatre à cinq mille braves suffiraient pour éclairer et parcourir toute la régence d'Alger, et laisseraient au gouvernement le pouvoir de rappeler dix à quinze mille hommes de l'armée d'occupation.

Si le soldat nécessite un choix particulier, il est plus nécessaire encore que les officiers appelés à les commander soient choisis avec soin. Il faut qu'à un courage éprouvé, ils joignent la prudence et la plus scrupuleuse prévoyance; car l'ennemi à combattre est alerte et audacieux, surtout s'il a eu quelque avantage. Il est plus à redouter par petits corps qu'en masse : dans le premier cas, il sait s'entendre, dans le second, il ne sait à quoi se résoudre. C'est alors, même en nombre bien inférieur, qu'il faut brusquer l'attaque, courir dessus sans hésiter, et les tenir pour vaincus.

Cette troupe serait toute d'infanterie, mais il serait bon aussi, d'après les circonstances, qu'un certain nombre de cavalerie légère lui fût adjoint. Quoique rarement nécessaire, l'artillerie peut être utile; mais les difficultés du pays paralysent l'emploi de notre artillerie ordinaire.

On pourrait donc la remplacer avantageusement par quelques pièces du calibre de deux, susceptibles d'être transportées à dos de mulets, dromadaires ou chameaux. J'affecterais deux pièces de cette espèce par bataillon, je tâcherais d'organiser cette minime artillerie de manière à ce qu'un dromadaire pût porter la pièce et son affût. Une deuxième bête de somme serait affectée au transport de deux petits caissons pour faciliter le chargement.

Les artilleurs auraient le même armement

que les éclaireurs. J'ai peu de connaissance en artillerie, mais je demande si l'on ne pourrait pas avoir quelques petits obusiers de quatre pouces de diamètre? Ce serait un moyen de jeter l'épouvante dans les masses de Bédoins, peu accoutumés à ce projectile. Je joindrais à cette petite artillerie deux pièces de huit ordinaires avec un obusier de six pouces par chaque deux mille hommes, ce qui ferait pour la légion une batterie de quatre pièces de huit et deux obusiers de six pouces : on pourrait en faire usage pour la défense d'un camp, rarement dans l'intérieur du pays, qui est couvert de rochers, et où il n'existe aucune route, où les ravins sont extrêmement rapprochés les uns des autres.

Situation favorable où se trouve France pour cette formation.

Dans la situation actuelle de la France, dans ce moment où les idées belliqueuses viennent de prendre un nouvel essor, on arriverait facilement à la formation des troupes d'éclaireurs que je propose ; il ne faudrait pas deux mois pour les organiser et les styler à ce genre nouveau de fouiller les montagnes et les pays couverts. Cette troupe arriverait au moment de la plus mauvaise saison, et donnerait par ce moyen la possibilité de diminuer les fatigues des autres troupes. Les naturels sont peu valeureux dans la saison des pluies, ce qui rendrait plus favorable le résultat de cette nouvelle arme.

Sans vouloir m'ériger en censeur des opérations de M. le général en chef qui commandait l'armée d'Afrique, je ne ne puis m'empêcher de m'étonner avec beaucoup d'autres militaires, que quarante-cinq mille braves assez favorablement protégés dans l'action la plus périlleuse (le débarquement), n'aient obtenu depuis cinq mois que la possession d'Alger, et tout au plus une demi-lieue de terrain aux alentours de la ville. Il faut que les ressources de cette petite surface soient bien grandes pour pouvoir subvenir à une armée aussi considérable, à moins, ce qui est plus probable, que l'on ne tire de la flotte tous les moyens nécessaires de subsistance : je crois que ce n'est pas le but qu'on s'est proposé. Il faut raisonnablement croire qu'on a voulu coloniser à l'avantage de la France cette partie d'Afrique si riche en productions. Pourquoi ce résultat est-il donc si long-temps retardé? Sans vouloir préjuger ce qu'on a pu faire, il faut penser que l'on a fait quelque chose pour parvenir à cette fin autant glorieuse que profitable pour la France.

Réflexions sur résultat de la campagne du général Bourmont.

Que la France nouvelle porte donc ses soins, ses lumières et ses connaissances agricoles sur un aussi beau pays, qui a payé, par les trésors qu'on y a trouvés, une ample indemnité de ce qu'a pu coûter l'expédition, et qui, par la suite, étant bien administré, deviendra une source de richesses pour notre patrie, appelée par ses nouveaux succès à devenir la plus formidable, la plus éclairée des nations civilisées.

Qu'une administration forte et sagement combinée avec les mœurs des naturels se fasse chérir et respecter, non-seulement des habitans de l'ancienne régence d'Alger, mais de tous les états voisins de ce superbe pays.

Que les productions des deux Mondes viennent un jour rivaliser avec avantage sur les marchés de France avec celles que produisent les colonies des étrangers, et qu'enfin les enfans du sol sacré de la liberté puissent dire : Et nous aussi ! nous ne sommes tributaires d'aucune nation.

Voilà les vœux que forme un ancien officier français. Puissent-ils se réaliser ; puissent surtout les conseils qu'il croit pouvoir donner être de quelque utilité dans cette grande entreprise ; et puissions-nous, après avoir reconquis si glorieusement notre liberté, détruire à jamais l'esclavage qui pesait dans ces contrées sur nos malheureux frères.

FIN.

www.ingramcontent.com/pod-product-compliance
Lightning Source LLC
Chambersburg PA
CBHW061619040426
42450CB00010B/2572